FRIDA KAHLO

La artista que pintaba con el alma

Mis pequeños
HÉROES

FRIDA KAHLO.
LA ARTISTA QUE PINTABA CON EL ALMA

© Shackleton Books, SL

© de las ilustraciones, Ángel Coronado y Oriol Roca

© de los textos, Javier Alonso López (Autor representado por Silvia Bastos, SL. Agencia literiaria)

Primera edición en Shackleton Kids, septiembre de 2019
Segunda edición en Shackleton Kids, febrero de 2020
Tercera edición en Shackleton Kids, octubre de 2022
Cuarta edición en Shackleton Kids, febrero de 2024

Shackleton Kids es el sello infantil de la editorial Shackleton Books, S. L.

Coordinación y supervisión de las ilustraciones:
Peekaboo Animation, S. L.

Realización editorial:
Bonalletra Alcompas, S. L.

Diseño de cubierta:
Pau Taverna

Diseño de la colección y maquetación:
Elisenda Nogué

© **Fotografías:**
S.Borisov/Shutterstock, d.p.; Benh LIEU SONG [CC BY 3.0]/Wikimedia Commons, Anton_Ivanov/Shutterstock; d.p. exvoto autor anónimo, fotografía: Andreas Praefcke (Trabajo propio); d. p., Sailko [CC BY 3.0]/Wikimedia Commons.

ISBN: 978-84-17822-76-7
DL: B 16207-2019

Impresión:
Macrolibros S.A., Valladolid.

eguro que hay días en los que te sientes triste o no te encuentras bien de salud o todo te sale mal, y te preguntas: ¿por qué me pasa esto a mí?

Te comprendo. Yo también me sentía así a veces. Pero no hay que lamentarse demasiado, porque no sirve de nada. Cuando las cosas te salen mal, debes intentar ser optimista, buscar aquello que te hace feliz y disfrutarlo al máximo. En mi caso, lo que me hizo feliz fue la pintura.

Me llamo Magdalena Carmen Frieda Kahlo, pero todo el mundo me conoce como Frida Kahlo. Si quieres seguirme, te contaré qué hacía yo cuando todo parecía estar en mi contra.

Esta es mi historia.

Nací en 1907 en un bonito barrio de la ciudad de México que se llama Coyoacán, donde hay muchos parques, hermosas calles y preciosas casas pintadas de colores alegres. La de mi familia era la Casa Azul.

Mi madre estaba enferma, así que no podía pasar mucho tiempo con ella. Pero no todo era malo: lo que más recuerdo de mi infancia

es el tiempo que compartía con mi padre. Era fotógrafo y también le gustaba pintar. Solíamos ir de excursión, solos él y yo, y mientras yo buscaba insectos, él hacía fotos y pintaba acuarelas.

—¡Mira, papá, qué pájaro tan bonito!, ¡y cuántos colores tiene!

—No te muevas, Frida. A ver si salís los dos en la foto. Di pa-ta-ta.

—Pa-ta-ta.

Cuando tenía solo 6 años una enfermedad vino a interrumpir tanta felicidad. Cogí la polio, un virus que afecta sobre todo a las piernas y que puede llegar a provocar parálisis. Afortunadamente, ahora ha desaparecido casi por completo gracias a las vacunas, pero cuando yo era niña era muy común. Pasé nueve largos meses en cama antes de recuperarme de la enfermedad, que me dejó para siempre una ligera malformación en una pierna.

Las niñas de mi escuela se reían de mí y me llamaban «patapalo», por mi manera de caminar. Como no tenía con quién jugar, me inventé una amiga imaginaria.

—¡Mirad! ¡Por allí va Frida Patapalo!

—No les hagas caso, Frida. Para mí eres perfecta.

—Es genial que seas *mi* amiga.

Unos años después la mala suerte volvió a encontrarme. Una tarde, al volver a casa del instituto, el autobús en el que iba chocó contra un tranvía. Fue un golpe tremendo. Estuve algún tiempo inconsciente y, cuando desperté, me explicaron todos los daños que había sufrido.

—*Frida, vas a tener que guardar reposo. Tienes algunas fracturas graves.*

—*¿Qué tengo roto?*

—Hmmm verás: tres fracturas en la columna, dos costillas, la
clavícula, el pie derecho, once fracturas en la pierna derecha;
además, el pasamanos del autobús te entró por la cadera y salió por
el otro lado de tu cuerpo.

—Bueno, al menos estoy viva, ¿no?

Sí, estaba viva, y con todos esos huesos rotos parecía un milagro.
Pero iba a ser una recuperación muy muy larga.

En el accidente no solo se me rompieron muchos huesos. También se me rompió la alegría. ¿Os imagináis lo que es estar siempre en la cama sin poder moverte? Un día, y otro, y otro, y otro más..., así durante meses. Me aburría mucho y, por si fuera poco, me dolía todo el cuerpo a causa de las heridas.

Mi padre pasaba muchas horas conmigo intentando animarme. Se sentaba a mi lado, me leía libros, me contaba cosas y me curaba las heridas. Pero yo cada vez estaba más triste y lo único que hacía era lamentarme por mi desgracia.

—Frida, ¿quieres que te lea algún libro?

—No.

—¿Cantamos una canción?

—No.

—¿Te apetece que llame a alguna amiga para que venga a verte?

—No.

—Quizá te apetecería...

—¡No!

Sí, ya lo sé. No resultaba muy simpática. Pero no sabía cómo salir de mi tristeza.

¡NO!

¡NO!

¡NO!

¡NO!

¡NO!

¡NO!

Hasta que un día a mi padre se le ocurrió una idea para poner fin a aquella situación. Salió de la habitación y regresó con un maletín que dejó encima de mi cama. Yo sabía perfectamente qué era, aunque él nunca me había permitido tocarlo.

—*Bueno, con esto tendrás algo que hacer. ¡Manos a la obra!*

—*¡Es tu caja de pinturas!*

—*Eso es. Ahora es tuya.*

—¡Pero no puedo pintar! Estoy tumbada y solo puedo mover los brazos.

—¡Eso es más que suficiente! Yo me ocupo de todo. Ya verás.

Efectivamente, mi padre se ocupó de todo. Unos carpinteros me instalaron un espejo y un caballete para que pudiera pintar. Como no podía moverme, y lo único que veía era mi imagen reflejada en el espejo, comencé por pintar un autorretrato.

Pasé mucho tiempo en casa recuperándome del accidente antes de poder caminar de nuevo. Pero ahora volvía a ser feliz. Había descubierto la pintura, que me ayudaba a olvidarme de mis dolores y a concentrarme en las cosas buenas de la vida. Estaba decidido: ¡dedicaría mi vida a pintar!

Como cada vez se me daba mejor, un día me armé de valor y fui a ver a Diego Rivera, el pintor más famoso de México. Me planté ante él y le enseñé mis cuadros para ver qué le parecían.

—¡Me encantan! Tienes un gran talento y eres una chica muy valiente.

—¡Muchas gracias, señor Rivera!

—No dejes de pintar. Prométeme que nos veremos pronto y que me enseñarás tus nuevos cuadros.

—¿Me está pidiendo una cita?

No solo le gustaron mis cuadros, también le gusté yo. Tanto que nos enamoramos y acabamos casándonos.

Con la ayuda de Diego Rivera, comencé a mostrar algunas de mis obras en exposiciones colectivas. Poco a poco, la gente fue conociéndome y todo el mundo quería ver mis cuadros. ¡Incluso me invitaron a exponer mis trabajos en París!

—¡Mademoiselle *Kahlo! ¡Una foto!*

—*¿Quiere decir algo a sus admiradores franceses?*

—*Sí. He venido a París para mostrar los colores de mi hermoso país,* México.

Ya no era únicamente la esposa del famoso Diego Rivera. Ahora era Frida Kahlo, la gran pintora mexicana.

¿Queréis saber qué pintaba en mis cuadros? Muchos fueron autorretratos, pues al fin y al cabo lo que mejor conocía era a mí misma. Me dibujaba acompañada de las cosas que me gustaban o de las personas a las que amaba.

Y también me retraté varias veces junto a animales de hermosos colores. Hay cuadros míos en compañía de monos, gatos y muchos más. Mi favorito es el cuadro que llamé *Yo y mis pericos*, aunque me resultó un poco complicado de pintar, porque los pájaros no se estaban quietos ni un instante.

—*¡Eh, vosotros dos! ¡No os comáis las pinturas!*

—*¡Perejil, estate quieto!*

—*Luna, ¡deja de volar!*

—*Me parece que este cuadro me va a llevar más tiempo de lo que pensaba...*

Pero conseguí terminarlo. Y quedó genial.

La pintura también me ayudó a expresar cómo me sentía. Desde el accidente que tuve de joven, cada dos por tres tenían que operarme de nuevo, lo que me obligaba a pasar mucho tiempo sentada o tumbada porque me dolía la espalda. Muchos días tenía que ponerme un corsé para aguantarme erguida y soportar mejor el dolor.

Recuerdo una ocasión en la que me pinté a mí misma con una columna por dentro rota, con lágrimas en los ojos y llena de clavos, que representaban todos los dolores que padecía. Pintar me hacía sentir mejor, como si al poner mis dolores en un cuadro salieran de mí para quedarse en la tela.

También realicé un cuadro un poco extraño: soy yo, pero con cuerpo de ciervo, atravesado por muchas flechas.

—¿Qué significa este cuadro, Frida? ¿Eres un ciervo?

—¡Claro que no! Lo que quiero expresar es que, cuando tengo *tantos dolores y no puedo calmarlos, me siento como un pobre ciervo al que un cazador le ha clavado varias flechas y no sabe cómo escapar ni librarse de ese sufrimiento. No soy yo, es cómo me siento yo.*

Pero sobre todo, en mis cuadros siempre estuvo presente mi país, México. ¡Es uno de los lugares más maravillosos del mundo! Está lleno de felicidad, de colores, de mezcla de pueblos y culturas, de naturaleza salvaje.

La alegría de las gentes de mi país me ayudó a superar las dificultades. En mi tierra somos alegres y optimistas, y nos gusta la vida. Por eso, en un cuadro en el que pinté varias sandías, en el interior de una de ellas escribí: «¡Viva la vida!»

Cada vez era más famosa y, en 1953, poco antes de mi muerte, se celebró en la capital de México una exposición con mis pinturas. ¡Qué emoción!

Pero para entonces yo estaba muy débil y no podía levantarme de la cama. ¡Iba a perderme mi gran día!

El día de la inauguración, decidí que no podía permitir que eso ocurriera. Una ambulancia me llevó hasta el lugar de la exposición, y un camión de mudanzas trasladó mi cama para poder estar tumbada en la sala. Me encantó la aventura. Pude comprobar por mí misma que a la gente le gustaban mis cuadros.

—*Es una gran artista.*

—*Sí, y muy valiente. Con todo lo que ha sufrido y ahí está, sonriendo.*

—*¡Viva México y viva Frida Kahlo!*

Me llamo **Frida Kahlo** y esta fue mi historia. Desde muy joven, mi vida siempre estuvo marcada por el dolor y el sufrimiento. Sin embargo, nunca me rendí e intenté disfrutar en todo momento de las cosas buenas: la naturaleza, la gente a la que quería, mi pasión por pintar y mi hermoso país.

Aprendí a enfrentarme con alegría y optimismo a las dificultades de la vida. Y encontré en la pintura una forma de expresar mis sentimientos y poder ser feliz.

FIN

FRIDA KAHLO:
ESTA ES SU HISTORIA

Frida Kahlo nació en Coyoacán, en México. De niña, contrajo poliomielitis, una terrible enfermedad que afecta a los músculos y los vuelve más débiles o incluso puede provocar parálisis. Además, a los 18 años sufrió un grave accidente de autobús. Estos acontecimientos la marcaron para siempre: padeció **FUERTES DOLORES DURANTE TODA SU VIDA** y tuvo que operarse más de treinta veces.

Durante su recuperación tras el accidente, Frida empezó a pintar y se dio cuenta de que aquello le apasionaba. Unos años después, se casó con **DIEGO RIVERA,** un gran pintor y muralista mexicano. En 1930 viajaron a Estados Unidos, país al que volvieron en diversas ocasiones. Fue en Nueva York donde Frida realizó su primera exposición individual, en 1938.

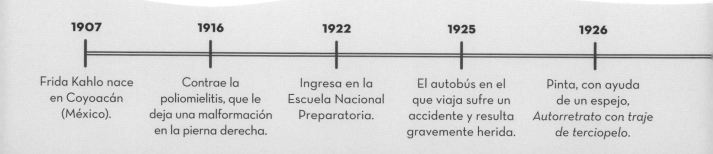

1907	1916	1922	1925	1926
Frida Kahlo nace en Coyoacán (México).	Contrae la poliomielitis, que le deja una malformación en la pierna derecha.	Ingresa en la Escuela Nacional Preparatoria.	El autobús en el que viaja sufre un accidente y resulta gravemente herida.	Pinta, con ayuda de un espejo, *Autorretrato con traje de terciopelo.*

En 1943 empezó a enseñar arte en la facultad de la Escuela de Pintura y Escultura de Ciudad de México, conocida como «La Esmeralda». Dejaba que sus alumnos pintaran libremente y los animaba a experimentar. Un grupo de cuatro jóvenes discípulos que se formaron con ella pasaron a ser conocidos como **«LOS FRIDOS»**.

Aunque Frida pintaba para ella misma, no para conseguir la fama, su obra fue cada vez más admirada. El poeta francés André Breton la invitó a exponer en París en 1939, y el **MUSEO DEL LOUVRE** compró una de sus obras: ¡era la primera vez que este prestigioso museo compraba un cuadro de un artista mexicano!

En 1953 realizó su **PRIMERA EXPOSICIÓN INDIVIDUAL EN MÉXICO.** Un año después, Frida murió en su querida Casa Azul, que actualmente se ha convertido en el Museo Frida Kahlo.

1929	1938	1939	1950	1954
Se casa con el pintor Diego Rivera.	Primera exposición individual en Nueva York.	Expone en París y el Museo del Louvre compra uno de sus cuadros.	Frida es operada en siete ocasiones por problemas en la columna.	Frida muere en Coyoacán.

¿QUIERES SABER MÁS?

«Yo solía pensar que era la persona
más extraña en el mundo, pero luego pensé
que hay mucha gente así en el mundo,
tiene que haber alguien como yo. […]
Bueno, yo espero que si estás por ahí y
lees esto sepas que, sí, es verdad,
yo estoy aquí, soy tan extraña como tú».

Frida Kahlo

¡VIVA MÉXICO!

Frida siempre se sintió muy orgullosa de su país, y utilizó muchos elementos de la cultura popular y de las tradiciones mexicanas en sus obras. Un buen ejemplo de ello son los exvotos. ¡No, no tienen nada que ver con votar en las elecciones! Son ofrendas que los creyentes entregan a sus dioses para agradecer algo: por ejemplo, si se han curado de una cojera, pueden ofrendar las muletas que ya no necesitan. En México, los exvotos solían ser coloridos dibujos acompañados de un texto de agradecimiento que los creyentes dedicaban a Dios, a la Virgen o a santos. A Frida le apasionaban.

No solo se inspiró en ellos para crear algunas de sus pinturas, sino que también se dedicó a coleccionarlos: llegó a reunir más de cuatrocientos, la mayoría dedicados a la Virgen del Rosario de Talpa.

¿LA VIDA ES SUEÑO?

El surrealismo es un movimiento artístico nacido en Europa a principios del siglo xx que explora las partes más profundas de la mente. Por eso sus obras (cuadros, poemas, esculturas o películas) a menudo parecen salidas de un sueño. Aquí al lado puedes ver un ejemplo de obra surrealista creada entre varios autores. La pintura de Frida encandiló a muchos artistas de este movimiento, como el poeta André Breton (uno de los autores de la obra de la imagen), que se sorprendieron al ver cómo una pintora al otro lado del océano captaba tan bien el espíritu surrealista que ellos defendían. Pero lo cierto es que Frida nunca se consideró a sí misma surrealista; ella decía que nunca pintaba «sueños o pesadillas», sino que pintaba su «propia realidad».

LOS *SELFIES* DE FRIDA

A lo mejor te crees que eso de hacerse *selfies*, es decir, retratos de uno mismo, es algo que se ha inventado con los teléfonos móviles... Pues no, los pintores llevan haciéndose autorretratos muchos siglos. Como Frida Kahlo solía basarse en sus experiencias vitales, no es de extrañar que le gustara pintar este tipo de cuadros: 55 de las 140 obras que creó son autorretratos. Sus cuadros reflejan parte del sufrimiento que padecía, pero también su fortaleza.

En **Shackleton Kids** nos apasiona crear y publicar libros divulgativos para los más pequeños de la casa. Compartimos con ellos su inagotable curiosidad, el gusto por la aventura y, sobre todo, la convicción de que se aprende más y mejor cuando se añaden las justas dosis de diversión y sentido del humor.

Por eso los contenidos y las ilustraciones de nuestros libros están especialmente pensados para esos jóvenes lectores.

Visita nuestro canal de YouTube y descubre cientos de divertidos vídeos educativos. Utiliza el código QR y accede directamente.

También puedes seguirnos en:

shackletonbooks.com

@shackletonkids

Mis pequeños
HÉROES

Las mejores biografías ilustradas para conocer a los verdaderos héroes de la historia.

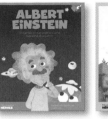

MITOLOGÍA PARA NIÑOS

Las aventuras, los dioses y los héroes de las grandes historias de la mitología.

Únete a Carmen, Marco y al abuelo en un increíble viaje por las épocas y civilizaciones del pasado.

Mi primera biblioteca

Para descubrir el placer de la lectura con las mejores historias de todos los tiempos.

LOS EXPLORADORES DEL ESPACIO

Espectaculares álbumes ilustrados para descubrir todos los secretos del universo.

Ciencia perruna & Curiosidad gatuna

Aprende con los mejores especialistas de cada tema (¡y con un perro y un gato!).

¡Y mucho más en nuestra web!